おそうざいサラダの本

牛尾理恵

池田書店

はじめに

次の項目の中から、あてはまる数字に○印をつけてください。

レタスなどの葉野菜は買ってきたら1枚ずつはがして洗い、水けをきってビニール袋に。このひと手間をやっておくと、サラダ作りが格段にラクになる。

1
ポテトサラダやキャロットラペのような、定番サラダが食べたい。

2
じゃがいも、にんじん、玉ねぎをいつも常備している。

3
疲れた日は、ごくシンプルなおかずしか作りたくない。

4
野菜をダメにしてしまうことがある。（本当は使いきりたい！）

5
ひとつの食材でできるだけレパートリーを増やしたい。

冷蔵庫の野菜室にあったサニーレタスは、食べやすい大きさに葉をちぎったら、すぐに水にさらして、シャキッとさせるのが鉄則。

鶏肉を焼いて加え、うまみたっぷりのサラダにするのもいい。鶏肉の肉汁もおいしい脂も、ドレッシングの一部になるから、捨てない。

6 献立の主菜を考えるのがちょっとめんどう。

7 鶏、豚、牛。お肉なら、何でも大好き！

8 魚が好き。えび、いか、たこも大好き！

9 肉をヘルシーに食べたい。

10 特売日に多めに買った肉や魚で作りおきしたい。

鶏肉を焼いたフライパンにバターとりんごを加え、こんがりと色づくまで焼く。フルーツの甘みや酸味も、サラダのおいしさを高めてくれる。

11 栄養バランスのよい料理を作りたい。

12 おもてなしや持ち寄りに喜ばれるメニューを知りたい。

13 フルーツや豆を積極的に食べるほうがいいと思う。

14 美肌、老化防止、筋肉といったワードに弱い。

15 野菜も肉も魚介も、もりもり食べたい！

さて、

あてはまる項目は
いくつありましたか？

1〜5番に○をつけた人は
Part 1のサラダがおすすめです。
6〜10番に○をつけた人はPart 2、
11〜14番はPart 3、
15番はこの本のあちらこちらに、
ぴったりなサラダが載っています。

フライパンに調味料を足して、鶏肉とりんごのおいしいエキスを余さずドレッシングに溶かし込む。ジュワッと煮立ったら火を止める。

レタス、鶏肉、りんごをボウルに合わせ、熱々のドレッシングを加える。ふんわりとあえ、全体に味を絡めたら「チキンとりんごのグリルサラダ」の完成。詳しい材料と作り方は72ページに。

サラダが好きな人も、
毎日の献立に困っている人も、
お肉や魚介が食べたい人も、
健康や美容に
気をつかっている人も。

この本をめくれば、食べたいサラダが必ず見つかります。

Part 1
キャベツ・トマト・じゃがいも・にんじん・玉ねぎで作りおきと使いきりサラダ

コラム1
本当においしい グリーンサラダの作り方

Part 2
肉や魚介で献立の主役に！ 主菜サラダ

Part 3
豆・雑穀・フルーツでバランスサラダ

この本の使い方

- 大さじ1＝15ml、小さじ1＝5ml、1カップ＝200mlです。
- 電子レンジの加熱時間は600Wの場合の目安です。500Wなら1.2倍、700Wなら0.8倍の時間で加熱してください。なお、機種により加熱時間が多少異なるので、取り扱い説明書の指示に従い、様子を見ながら調理してください。
- 魚焼きグリルは両面焼きのものを使用しています。片面焼きの場合は加熱時間を長めにし、途中で食材の上下を返すなど、様子を見ながら調理してください。
- フライパンはコーティング加工を施してあるものを使用しています。
- 材料の「しょうゆ」は濃い口しょうゆ、「オリーブ油」はエクストラ・ヴァージン・オリーブオイル、「こしょう」は粗びき黒こしょうを使用しています。

Part 1

キャベツ・トマト・じゃがいも・にんじん・玉ねぎで作りおきと使いきりサラダ

余りがちなキャベツにトマト、
肉じゃがやカレーなど料理がワンパターンになりがちな、
じゃがいも、にんじん、玉ねぎ。
冷蔵庫にいつもあるこれらの野菜で、おいしいサラダを作りましょう。
素材ひとつでできるシンプルなサラダから主菜になるサラダまで、
バラエティ豊かにご紹介。
作りたいサラダがきっと見つかるはずです。
野菜をダメにしてしまうこともなくなりますよ。

このパートに出てくるいろいろなサラダ

ボリュームサラダ

ボリュームサラダ

肉や魚介などと野菜を合わせた**ボリューム満点**のサラダ。**主菜**になります。

+1,2食材サラダ

+1、2食材サラダ

いわゆるサラダらしいサラダ。**献立の副菜**に、お酒のおつまみに多方面で活躍します。

作りおきサラダ

作りおきサラダ

多めに作って冷蔵庫で**保存できるサラダ**。サラダを使った**アレンジ**メニューも併せて紹介しています。

だけサラダ

だけサラダ

材料は野菜1種類だけという**超シンプル**サラダ。野菜以外、冷蔵庫に何もなくても作れます。

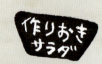

キャベツのきほん

重さの目安
1個＝約1.2kg

選び方
外側の葉がみずみずしく、濃い緑色をしているものがベスト。春キャベツなら葉がやわらかくてふっくらしているもの、冬キャベツなら葉がぎゅっとしまっているものがおいしい。

POINT せん切りをマスターしよう

芯を切る
かたい芯の部分は、斜めに包丁を入れてザクッと切り落とす。芯の部分はうまみが詰まっているので、捨てないで煮ものや炒めものに。

外側と内側に分ける
外側の葉と内側の葉に分ける。かたまりのままでせん切りにしてもよいが、このほうが薄くて切りやすい。

端から切る
写真のようにキャベツを置いて、繊維に対して直角にせん切りにすると、食べやすい食感になる。

POINT パリパリにするコツ

キャベツの葉をボウルに入れ、氷適量をのせる。氷が少しずつ溶けてキャベツ全体が冷えてパリパリに。水にさらすよりもうまみが逃げない。

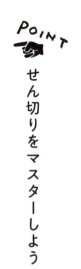

パリパリキャベツ

居酒屋のお通しみたい!

材料（2人分）

キャベツ…1/8個（150g）

A
- ごま油…小さじ1
- しょうゆ…小さじ1/2
- にんにくのすりおろし…小さじ1/4
- 塩…ふたつまみ
- こしょう…少々

刻みのり…適量

作り方

❶ キャベツは食べやすい大きさにちぎり、ボウルに入れて氷適量をのせる。パリッとしたら水けをしっかりきる。

❷ ❶とA、刻みのりをざっくりあえる。

コールスロー

コーンやハムを加えても

材料（2人分）

キャベツ…1/6個（200g）

塩…小さじ1/2強

A
- マヨネーズ…大さじ1
- 酢…小さじ1
- 砂糖…小さじ1/2
- こしょう…少々

作り方

❶ キャベツは5mm幅の細切りにする。塩をふって軽くもみ、5～10分おく。

❷ しんなりしたら水けをしっかり絞り、Aでしっかりあえる。

ザワークラウト風サラダ

「キャラウェイシード」という
スパイスを加えて、
本格的な香りに
仕上げるのもおすすめです

保存方法・保存期間

清潔な保存容器に入れてふたをし、**冷蔵室で 5 日間**

材料（でき上がり量約500g）

キャベツ…1/2個弱（500g）

塩…小さじ1・1/2

A
- 酢（あればりんご酢）…150ml
- ローリエ…2枚
- 赤唐辛子…1本

甘酒…100ml

作り方

❶ キャベツは5mm幅の細切りにする。塩をふって軽くもみ、10分ほどおいて水けをしっかり絞る。

❷ 小鍋にAを入れて強火にかける。ひと煮立ちしたら火を止め、甘酒を加えて混ぜる。

❸ ❶、❷を合わせて混ぜ、保存容器に入れる。室温にひと晩おき、味をなじませる（暑い時期は冷蔵室におく）。

アレンジ 豚肉巻きソテー

お肉でくるくる巻いて！

材料（2人分）

ザワークラウト風サラダ…1/2量（250g）
豚ロース薄切り肉…10枚
塩、こしょう…各少々
オリーブ油…小さじ2
クレソン…適量

作り方

❶ 豚肉は広げて塩、こしょうをふる。ザワークラウト風サラダを等分に分けて豚肉にのせ、くるくると巻く。
❷ フライパンでオリーブ油を強めの中火で熱し、❶の巻き終わりを下にして並べる。焼き色がついたら、少しずつ転がしながら全体を焼く。
❸ 器に盛り、クレソンを添える。

アレンジ シュークルート

フランスの煮込み風

材料（2人分）

ザワークラウト風サラダ…1/2量（250g）
じゃがいも…2個（300g）
ソーセージ…4本
塩…小さじ1/2
こしょう…少々
粒マスタード…適量

作り方

❶ じゃがいもは皮つきのまま3〜4等分に切る。
❷ 鍋に❶、ソーセージ、ザワークラウト風サラダを入れ、ひたひたの水（約600ml）を注ぐ。ふたをして強火にかけ、煮立ったら弱めの中火にして15分ほど煮る。じゃがいもに火が通ったら塩、こしょうで味を調える。
❸ 器に盛り、粒マスタードを添える。

目玉焼きを添えれば、朝食にぴったり！
パンにはさんでもおいしい

+1,2食材サラダ

キャベツとオイルサーディンのホットサラダ

材料（2人分）

キャベツ…1/6個（200g）
オイルサーディン…1缶（105g）
にんにく…1片
塩…小さじ1/4
こしょう…少々
レモン…1/4個

作り方

❶ キャベツはひと口大に切る。鍋に湯5カップを沸かして塩小さじ1強（分量外）を加え、キャベツを30秒ほどゆで、ざるに上げて水けをきる。にんにくは薄切りにする。
❷ オイルサーディンは缶を開けてにんにくをのせ、缶ごとオーブントースターに入れ、油がふつふつと泡立つまで温める。
❸ ❷をボウルに入れ、温かいうちにキャベツとざっくりあえ、塩、こしょうで味を調える。
❹ 器に盛り、レモンを添える。

+1,2食材サラダ

せん切りキャベツと油揚げのサラダ

材料（2人分）

キャベツ…1/8個（150g）
油揚げ…2枚
A
- ごま油…大さじ1
- みそ…大さじ1
- 酢…小さじ2
- 砂糖…小さじ1
- しょうゆ…小さじ1/2
- ゆずこしょう…小さじ1/2

作り方

❶ キャベツはせん切りにする。
❷ フライパンを強めの中火で熱し、油揚げをへらで押しつけながらパリッと焼き、短冊に切る。
❸ Aを混ぜ、❶、❷をざっくりあえる。

ゆずこしょうの辛みと香り、みその甘みの組み合わせが新鮮です

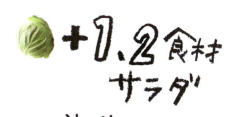

のボリュームサラダ

ガドガド風サラダ

ガドガドとはインドネシアのサラダ。
ピーナッツバターを練りごまに変えて、作りやすくしました

材料（2人分）

キャベツ…1/5個強（250g）
ゆで卵…3個
厚揚げ…1枚（220g）
A　練り白ごま…大さじ2
　玉ねぎのすりおろし…大さじ2
　プレーンヨーグルト…大さじ1
　ナンプラー…小さじ1・1/2
　オイスターソース…小さじ1
　にんにくのすりおろし…小さじ1/2
　しょうがのすりおろし…小さじ1/2
　カレー粉…少々

作り方

❶ キャベツは5mm幅の細切りにする。熱湯で10秒ほどゆで、ざるに上げて水けをきる。粗熱がとれたらしっかり絞る。
❷ ゆで卵は殻をむき、手で割る。厚揚げは横半分に切り、1cm幅に切る。
❸ Aを混ぜ、❶、❷をしっかりあえる。

のボリュームサラダ

キャベツも肉もかたまりのまま器に盛り、
ザクザク豪快に切ってあえながら召し上がれ

キャベツと豚肉のホットサラダ

材料（2人分）

キャベツ…1/4個（300g）
豚ロース厚切り肉…2枚（260g）
カマンベールチーズ…60g
塩、こしょう…各少々
オリーブ油…大さじ1
A　バルサミコ酢…大さじ1/2
　　塩…小さじ1/3
　　こしょう…少々
あればオニオンチップ…大さじ2

作り方

❶豚肉は筋を切って塩、こしょうをふる。キャベツは2〜3等分のくし形に切る。
❷フライパンにオリーブ油を強めの中火で熱し、❶を並べる。豚肉、キャベツともに片面を3分ずつ焼き、両面がこんがりと色づいたら、カマンベールチーズをちぎって加え、Aを全体に絡める。
❸器に盛り、あればオニオンチップをふる。食べる直前にキャベツと豚肉を切り、全体をざっくりあえる。

トマトのきほん

重さの目安

小1個＝約100g

大1個＝約200g

選び方

へたがしおれておらず、ピンとしているもの、皮にしわが寄っておらず、張りのあるものが新鮮。実の色が赤いほうが甘みやうまみも濃い。

POINT

へたの取り方

へたのすぐ横に包丁の刃先を刺し、トマトをくるくると回しながらえぐるようにくり抜く。ミニトマトのへたは指でつまんで取る。

POINT

くし形切り

へたのほうを下にして置き、縦半分に切る。4等分する場合はトマトの向きを90度変えて半分に。よく切れる包丁を使うこと。

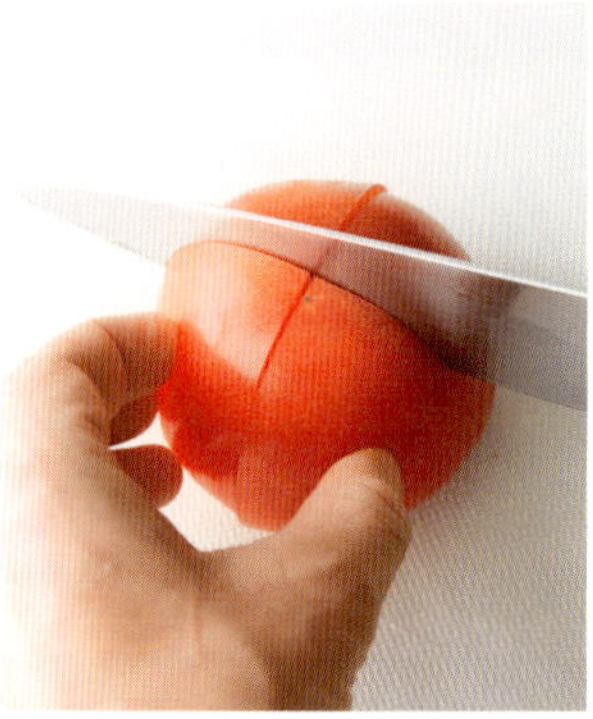

POINT

湯むきをマスターしよう

湯むきとは、トマトの皮のむき方のこと。皮の口当たりが気になるときや、トマトの中までしっかり味を含ませたいときにおすすめ。

熱湯に通す

鍋にたっぷりの湯を沸かし、へたを取ったミニトマトを入れる。皮がはがれてきたら取り出す。トマトの場合は、へたの反対側に十字に切り目を入れて同様におこなう。

皮をむく

氷水をはったボウルに、熱湯に通したミニトマトを入れると皮がつるんとむける。トマトも同様に入れ、十字の切り目から皮をむく。

冷やしトマト

しそが香ります

材料（2人分）

トマト…大1個（200g）
青じそ…4枚
A　ごま油…小さじ2
　　酢…小さじ2
　　にんにくのすりおろし…小さじ1/2
　　塩…小さじ1/4
　　こしょう…少々

作り方

❶ トマトはへたを取り、半分に切って5mm幅の薄切りにし、器に並べる。
❷ 青じそはせん切りにして❶にのせる。Aを混ぜ、全体にかける。

ノンオイルトマト

さっぱり！ すっきり！

材料（2人分）

トマト…小2個（200g）
A　酢…小さじ2
　　砂糖…小さじ2/3
　　粒マスタード…小さじ1/2
　　塩…小さじ1/4

作り方

❶ トマトはへたを取ってひと口大に切る。
❷ Aを混ぜ、トマトをざっくりあえる。

作りおきサラダ

ミニトマトマリネ

湯むきをしてしっかり味をしみ込ませます。
そのまま食べるなら、
パセリのみじん切りを散らして
彩りよく仕上げて

保存方法・保存期間

清潔な保存容器に入れてふたをし、**冷蔵室で３～４日間**

材料（でき上がり量約350g）

ミニトマト…300g（24個）

A
- オリーブ油…大さじ2
- 白ワインビネガー…大さじ2
- 砂糖…小さじ2
- 塩…小さじ1/2

作り方

❶ ミニトマトはへたを取る。

❷ 鍋に湯を沸かし、❶を入れる。20秒ほどたったら取り出して冷水に入れ、皮をむく。

❸ Aを混ぜて❷を漬け、冷蔵室に2～3時間おく。

具もつゆもトマト!

アレンジ

トマトそうめん

材料（2人分）

ミニトマトマリネ…1/2量
（マリネ液ごと175g）
貝割れ菜…1/2パック（30g）
そうめん…3束（150g）
A | めんつゆ（3倍濃縮タイプ）…50ml
トマトジュース（無塩）…100ml
水…100ml

作り方

❶ 貝割れ菜は根元を切る。
❷ そうめんは熱湯で表示通りゆでて冷水にとり、水けをきって器に盛る。
❸ Aを混ぜて❷にかけ、ミニトマトマリネ、❶をのせる。

アレンジ

カプレーゼ

材料（2人分）

ミニトマトマリネ…1/2量（マリネ液ごと175g）
モッツァレラチーズ…1個（100g）
バジル…3枚

作り方

❶ モッツァレラチーズは食べやすくちぎる。ミニトマトマリネ、ちぎったバジルとざっくりあえる。

ミニトマトマリネだけで味が決まる!

トマトとチーズを
ピリッと辛いわさびで和風味に。
ちぎったのりを加えれば、
さらに風味がアップ

+1,2食材サラダ

トマトとクリームチーズのわさびドレッシング

材料（2人分）

トマト…大1個（200g）
クリームチーズ…50g
A｜オリーブ油…大さじ1
｜練りわさび…小さじ1/2
｜しょうゆ…小さじ1
｜塩、こしょう…各少々

作り方

❶ トマトはへたを取ってひと口大に切る。クリームチーズは1cm角に切る。
❷ Aのわさびにオリーブ油を少しずつ加えながら溶きのばし、しょうゆ、塩、こしょうを加えてよく混ぜる。
❸ ❶、❷をざっくりとあえる。

+1,2食材サラダ

トマトのねぎザーサイだれ

材料（2人分）

トマト…大1個（200g）
味つきザーサイ…15g
A
- 長ねぎのみじん切り…3cm分
- にんにくのみじん切り…1/2片分
- しょうがのみじん切り…1/2片分
- ごま油…小さじ2
- 酢…小さじ2
- しょうゆ…小さじ1

香菜…1〜2株

作り方

❶トマトはへたを取って7〜8mm幅の輪切りにし、器に並べる。
❷ザーサイは粗みじんに切る。Aと混ぜ、❶にかける。
❸香菜は1cm長さに切り、❷にのせる。

ザーサイと香味野菜のドレッシングは覚えておいてソンはなし！
冷ややっこにのせても絶品です

のボリュームサラダ

クミンとラムはクセになる組み合わせ。
ビネガーを使わなくても、トマトの酸味で味がまとまります

トマト、クレソン、ラムのスパイシーサラダ

材料（2人分）

トマト…小2個（200g）
クレソン…1束（50g）
ラム薄切り肉
（好みの牛、豚薄切り肉でも可）…200g
にんにく…1片
塩、こしょう…各少々
オリーブ油…大さじ1
クミンシード…小さじ1/2
A しょうゆ…小さじ1/2
塩…小さじ1/3
こしょう…少々

作り方

❶ トマトはへたを取ってくし形に切る。クレソンは3cm長さのざく切りにし、葉と茎に分ける。にんにくは粗みじんに切る。
❷ ラム肉は塩、こしょうをふる。
❸ フライパンにオリーブ油、にんにく、クミンシードを弱火で熱し、香りが出てきたら強火にして❷を炒める。火が通ってきたらトマト、クレソンの茎を加えてさっと炒め、Aを絡める。火を止めてクレソンの葉を加え、さっと混ぜる。

のボリュームサラダ

トマトといかのエスニックサラダ

いかはゆですぎず、やわらかい食感を残して。
温かいうちにドレッシングであえると、味がなじみやすい

材料（2人分）

トマト…大1個（200g）
いか…1ぱい（300g）
紫玉ねぎ（サラダ玉ねぎでも可）…1/2個
香菜…4株

A
- サラダ油…大さじ1
- ナンプラー…大さじ1
- レモン果汁…大さじ1
- 砂糖…小さじ1
- 赤唐辛子の小口切り…ひとつまみ
- にんにくのみじん切り…小さじ1/2
- こしょう…少々

作り方

❶ トマトはへたを取ってくし形に切る。紫玉ねぎは薄切りにする。香菜は2cm幅のざく切りにする。

❷ いかは胴から足を引き抜き、胴は軟骨を取って輪切りにする。足はわたと先端を切り落とし、吸盤を取って2〜3本ずつに切り分ける。熱湯で2分ほどゆで、ざるに上げて水けをきる。

❸ Aを混ぜ、❶、❷をざっくりあえる。

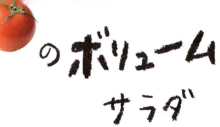

じゃがいものきほん

重さの目安

小1個＝約125g
1個＝約150g
大1個＝約200g

選び方

持ってみてずしっと重いものがよい。
皮がしなびてしわのあるもの、
表面が緑色に変色しているもの、
芽がのびているものは避けて。

POINT 芽を取る

包丁の刃元を当てて、えぐるように取る。じゃがいもの芽には「ソラニン」という体に悪い成分が含まれているので、必ず取り除いてから調理する。

POINT 加熱方法

その1 蒸す

蒸気が上がった蒸し器にじゃがいもを並べ、中火で20〜30分蒸す。竹串がすっと通れば蒸し上がり。フライパンで蒸す場合、フライパンのサイズに合わせて直径が変えられるステンレス製のスチーマーを使うと便利。

その2 電子レンジ加熱

耐熱皿にペーパータオルを敷き、半分に切ったじゃがいもを切り口を下にして並べる。ラップをふんわりとかけ、電子レンジで7〜8分加熱する。竹串がすっと通ればOK。

加熱後の皮のむき方

加熱したばかりのじゃがいもはとても熱いので、フォークで刺してペーパータオルの上から皮をむく。

じゃがいものしゃきしゃきサラダ

油のおかげでツルッとした食感に

材料（2人分）

じゃがいも…大1個（200g）
オリーブ油…適量
塩…小さじ1/3
こしょう…少々
酢…小さじ2

作り方

1. じゃがいもは皮つきのまま細切りにする。
2. 鍋にたっぷりの湯を沸かしてオリーブ油を小さじ1·½〜2を加え、1を30秒〜1分ゆでる。
3. ざるに上げて水けをきり、熱いうちに塩、こしょう、酢でざっくりあえる。

じゃがいもの梅風味サラダ

梅マヨ味が後を引く

材料（2人分）

じゃがいも…大1個（200g）
梅干し（種を取ったもの）…2粒（10g）
マヨネーズ…小さじ1
しょうゆ…少々

作り方

1. じゃがいもは皮をむいて5mm幅の半月切りにする。熱湯で2分ほどゆで、ざるに上げて水けをきる。
2. 梅干しは包丁で細かくたたき、マヨネーズ、しょうゆを加えて混ぜる。
3. 1の粗熱がとれたら、2であえる。

作りおきサラダ

クリーミーポテサラ

時間がなければ、電子レンジ加熱で。
じゃがいもは粗く潰しても細かくしても、
好みでどちらでもOKです

保存方法・保存期間

清潔な保存容器に入れてふたをし、冷蔵室で３～４日間

材料（でき上がり量約500g）

じゃがいも…3個（450g）
塩…小さじ2/3
こしょう…少々
マヨネーズ…大さじ3
生クリーム…大さじ3

作り方

❶ じゃがいもは半分に切り、30分ほど蒸す（34ページ参照）。
❷ ❶が熱いうちに皮をむいて塩、こしょうをし、潰しながら混ぜる。
❸ ❷が冷めたらマヨネーズ、生クリームを加えてしっかり混ぜる。

アレンジ

クリーミーポテサラのオーブン焼き

肉料理の副菜に

材料（2人分）

クリーミーポテサラ…1/2量（250g）
パン粉…大さじ2
粉チーズ…大さじ1
オリーブ油…大さじ1

作り方

❶ パン粉、粉チーズ、オリーブ油はよく混ぜる。
❷ 耐熱皿にクリーミーポテサラを入れて表面を平らにし、❶をのせてさらに平らにする。
❸ 温めたオーブントースターなどで焼き色がつくまで焼く（オーブンの場合は250°Cで10分ほど焼く）。

アレンジ

タラモサラダ

おろしにんにくがきいている！

材料（2人分）

クリーミーポテサラ…1/2量（250g）
明太子…1/2腹（30g）
にんにくのすりおろし…小さじ1/4
バゲット…適量

作り方

❶ 明太子は薄皮を切ってこそげ、クリーミーポテサラ、にんにくのすりおろしと混ぜる。
❷ 器に盛り、食べやすく切ったバゲットを添える。

スペインバル風の一品。
カリッと焼いたじゃがいもと、
たこのプリッとした食感の
違いを楽しんで

+1,2食材サラダ

カリカリじゃがいもとたこのサラダ

材料（2人分）

じゃがいも…小2個（250g）
ゆでたこ…100g
にんにく…1片
パセリ…20g
オリーブ油…大さじ1
A 白ワインビネガー…大さじ1
　マスタード…小さじ1
　塩…小さじ1/3
　こしょう…少々

作り方

❶ じゃがいもは皮つきのまま1cm幅に切る。たこはそぎ切りにする。にんにくは半分に切る。パセリはみじん切りにする。

❷ フライパンにオリーブ油を強めの中火で熱し、じゃがいも、にんにくを焼く。じゃがいもの両面がカリッとして中まで火が通ったらたこを加え、さっと炒める。Aとパセリを加えて全体にさっと絡める。

+1、2食材サラダ

大人のポテサラ

材料（2人分）

じゃがいも…大1個（200g）
ゴルゴンゾーラ…40g
黒オリーブ…10粒
塩…小さじ1/4
こしょう…少々

作り方

❶ じゃがいもは半分に切り、30分ほど蒸す（34ページ参照）。熱いうちに皮をむいて塩、こしょうをし、粗めに潰しながら混ぜる。

❷ ❶に手でちぎったゴルゴンゾーラ、黒オリーブを加えてざっくりあえる。

青かびチーズの個性的な香りとうまみ、
黒オリーブの風味で、
ワインが欲しくなるポテトサラダに

のボリュームサラダ

サーモンのゴージャスポテトサラダ

スモークサーモン、ケイパー、ディルで、色よし、味よし、香りよし。
北欧やロシアを思わせる、ぜいたくポテサラ

材料（2人分）

じゃがいも…大1個（200g）
サラダ玉ねぎ（玉ねぎでも可）…1/2個
スモークサーモン…80g
ディル…10g
塩、こしょう…各少々
ケイパー…大さじ1
A　オリーブ油…小さじ2
　レモン果汁…小さじ1
　塩…小さじ1/4
　こしょう…少々

作り方

❶ じゃがいもは半分に切り、30分ほど蒸す（34ページ参照）。熱いうちに皮をむいて塩、こしょうをし、粗めに潰しながら混ぜる。
❷ 玉ねぎは薄切りにする。スモークサーモンは手でちぎる。ディルもちぎる。
❸ ❶の粗熱がとれたら❷、ケイパー、Aを加えてざっくりあえる。

のボリュームサラダ

白いご飯が進む、おかずサラダ。
加熱したマヨネーズのおかげで、コクがぐんと増します

じゃがいも、スパム、いんげんのホットポテサラ

材料（2人分）

じゃがいも…大1個（200g）
スパム（ランチョンミート）…150g
さやいんげん…100g
マヨネーズ…大さじ1
塩…小さじ1/4
こしょう…少々

作り方

❶ じゃがいもは皮つきのまま1cm幅の半月切りにする。ラップで包み、電子レンジで3分加熱する。
❷ スパムはひと口大に切る。さやいんげんはへたを切り落とし、長さを半分に切る。
❸ フライパンにマヨネーズを強火で熱し、溶けてきたら❶を焼く。表面がカリッとしたら❷を加えて炒め、塩、こしょうで味を調える。

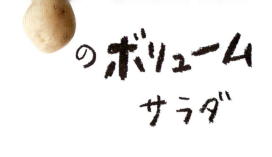

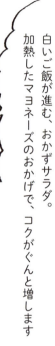

にんじんのきほん

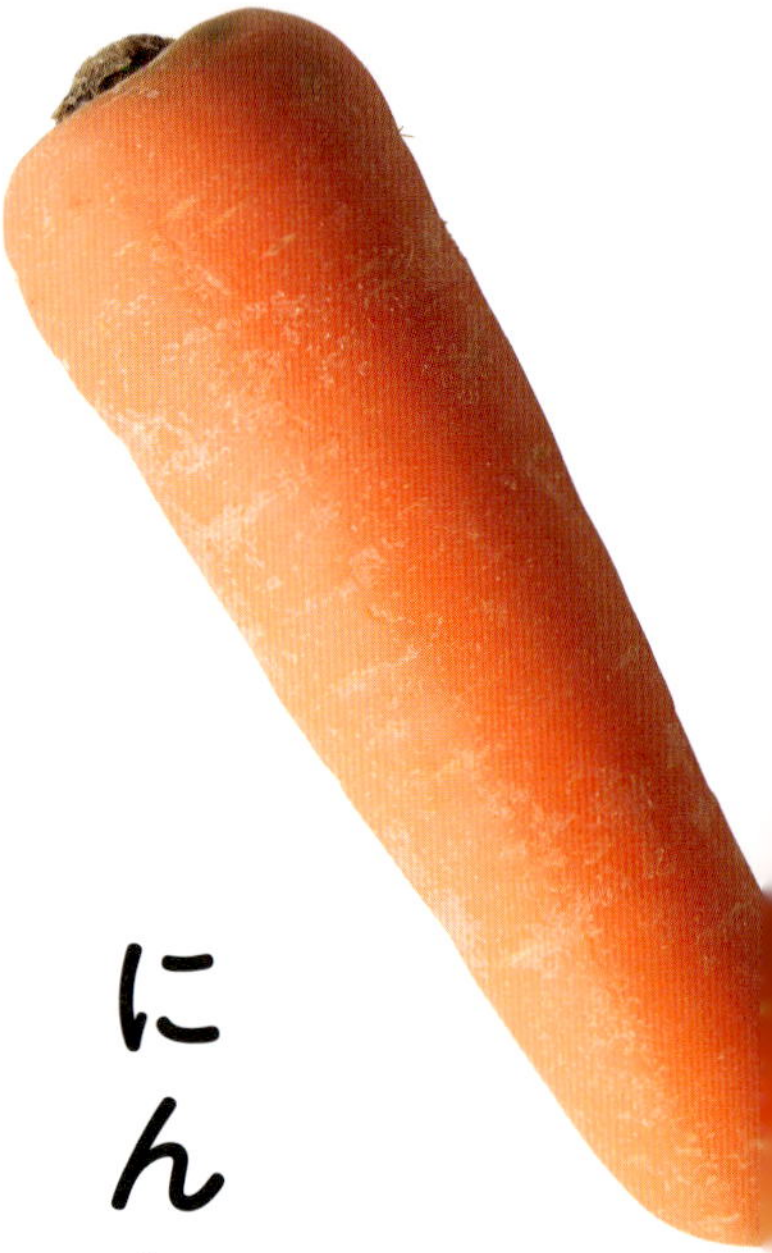

重さの目安

1本＝約150g
大1本＝約200g

選び方

ツヤのあるオレンジ色をしたものが新鮮。皮にしわが寄っていたり、葉をカットした部分が黒っぽくなっていたりするものは避けて。

POINT

せん切りをマスターしよう

1

斜め薄切り

葉をカットしたほうを右に置き、端から斜めに、できるだけ薄切りにする。

2

せん切り

斜め薄切りにしたにんじんを端から2〜3㎜幅に切る。斜め薄切りにしてからせん切りにすると繊維が断たれるため、食感がやわらかくなり、味もしみ込みやすい。

POINT

リボン状に切る

ピーラーを使って皮をむき、そのままリボン状に薄切りにする。にんじんを回転させながら、均一にむくとよい。

POINT

レンジ加熱でやわらかく

にんじんがかたい場合、耐熱ボウルに入れてふんわりとラップをかけ、2分ほど電子レンジで加熱する。しんなりしてドレッシングがなじみやすくなる。

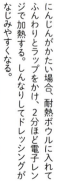

蒸し焼きにんじんのピリ辛みそドレッシング

懐かしさ漂う味

材料（2人分）

にんじん…1本（150g）
オリーブ油…大さじ1/2
A
酢…大さじ1/2
みそ…小さじ1
砂糖…小さじ1
しょうゆ…小さじ1/2
豆板醤…小さじ1/4

作り方

❶ にんじんは皮をむいて1cm幅の輪切りにする。フライパンに並べてオリーブ油、水大さじ1（分量外）を回しかけ、ふたをして中火にかけ、3分ほど蒸し焼きにする。
❷ Aはよく混ぜる。
❸ 器に❶を盛り、❷をかける。

ひらひらにんじんサラダ

練りごまが味の決め手！

材料（2人分）

にんじん…1本（150g）
A
酢…大さじ1/2
サラダ油…大さじ1/2
しょうゆ…大さじ1/2
砂糖…小さじ1/2
練り白ごま…小さじ1/2
玉ねぎのすりおろし…小さじ1/2
にんにくのすりおろし…小さじ1/4
塩、こしょう…各少々

作り方

❶ にんじんはピーラーで皮をむき、そのままリボン状にスライスする。
❷ Aをよく混ぜ、❶をざっくりあえる。

作りおきサラダ

キャロットラペ

アレンジしやすいシンプルなレシピです。
クミン、コリアンダーなどのスパイスや、
ナッツ、ドライフルーツを加えても

保存方法・保存期間

清潔な保存容器に入れてふたをし、冷蔵室で４～５日間

材料（でき上がり量約290g）

にんじん…2本（300g）

塩…小さじ2/3

A
- オリーブ油…大さじ1
- 白ワインビネガー…大さじ1
- 塩、こしょう…各少々

作り方

❶ にんじんは皮をむき、スライサーで細切りにする。塩をふって軽くもみ、10分ほどおく。

❷ ❶の水けを絞り、Aを加えて混ぜる。

パセリやディルを添えるのも◎

アレンジ

マカロニサラダ

材料（2人分）

キャロットラペ…1/2量（145g）
マカロニ（リボン形やシェル形）…100g
オリーブ油…大さじ1/2

作り方

❶ 鍋に湯5カップを沸かし、塩大さじ1（分量外）を入れる。マカロニを加えて表示通りにゆでる。ざるに上げて水けをきり、オリーブ油をまぶす。
❷ ❶の粗熱がとれたら、キャロットラペを加えてざっくりあえる。

アレンジ

にんじんとはんぺんの春巻き

材料（2人分）

キャロットラペ…1/2量（145g）
はんぺん…1枚（120g）
春巻きの皮…6枚
A ｜ 小麦粉…小さじ1
　 ｜ 水…小さじ1/2〜1弱
揚げ油…適量

作り方

❶ はんぺんとキャロットラペをボウルに入れ、手で練り混ぜる。
❷ ❶を6等分に分け、春巻きの皮にのせて包み、巻き終わりにAを少々ぬってとめる。
❸ 揚げ油を170℃に熱し、❷をからりと揚げる。

リピートしたくなるおいしさ！

タイの青パパイヤのサラダ「ソムタム」を
にんじんでアレンジ。
にんじんとセロリの
シャキシャキした食感がクセになります

+1,2食材サラダ

にんじんとセロリのソムタム

材料（2人分）

にんじん…2/3本（100g）
セロリ…1本（100g）
バターピーナッツ…40g
香菜…1〜2株
A
- レモン果汁…小さじ2
- ナンプラー…小さじ2
- 砂糖…小さじ1
- にんにくのみじん切り…1/2片分
- 赤唐辛子の小口切り…ひとつまみ

作り方

❶ にんじんは皮をむいてせん切りにする。セロリは筋を取ってせん切りにする。バターピーナッツは包丁で粗く砕く。香菜は1cm幅に切る。
❷ Aを混ぜ、❶をざっくりあえる。

+1,2食材サラダ

レンチンにんじん、いんげん、生ハムのサラダ

材料（2人分）

にんじん…1本（150g）
さやいんげん…50g
生ハム…40g
A　塩…小さじ1/3
　　顆粒コンソメスープの素…小さじ1/2
オリーブ油…小さじ2
酢…小さじ2
こしょう…少々

作り方

❶ にんじんは皮をむいて拍子木切りにする。いんげんはへたを切り落とし、にんじんの長さに合わせてぶつ切りにする。

❷ 耐熱ボウルに❶を入れ、Aをふって軽くもみ、ラップをかけて電子レンジで2分加熱する。

❸ ❷にオリーブ油をまぶし、粗熱がとれたら生ハムをちぎって加え、酢、こしょうも加えてざっくりあえる。

にんじんといんげんはレンジ加熱を。食べやすくなり、味もしっかり絡むので一石二鳥！

にんじん、さば水煮、春菊のサラダ

2種類の緑黄色野菜とさばの水煮缶で、栄養バランスのよいサラダに。たっぷりのごまが味のポイント

材料（2人分）

にんじん…2/3本（100g）
春菊（茎を除いたもの）…50g
さば水煮缶…1缶（150g）
長ねぎのせん切り（白い部分）…20g
A
- 酢…小さじ2
- ごま油…小さじ2
- しょうゆ…小さじ1
- にんにくのすりおろし…小さじ1/2
- 塩…小さじ1/4
- こしょう…少々

すり白ごま…大さじ1

作り方

❶ にんじんはピーラーで皮をむき、そのままリボン状にスライスする。春菊、長ねぎは水にさらしてシャキッとさせ、水けをしっかりきる。
❷ 汁けをきったさば水煮、❶をAでざっくりあえる。
❸ 器に❷を盛り、白ごまをふる。

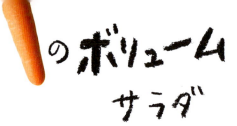

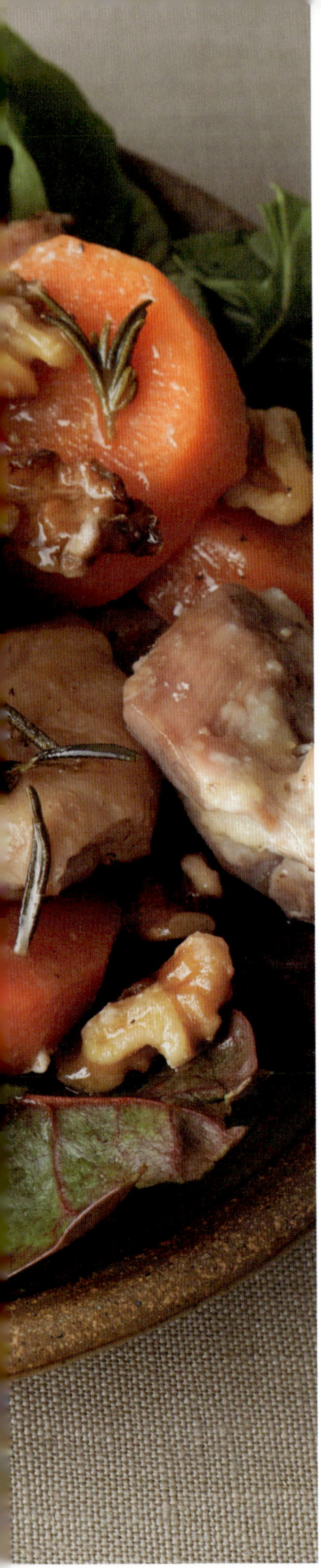

にんじんとチキンのグリルサラダ

魚焼きグリルで焼くから、鶏肉がしっとりジューシー！
ハーブの香りがワインを誘います

材料（2人分）

にんじん…大1本（200g）
鶏もも肉…1枚（300g）
ローズマリー…2枝
塩…小さじ1/2
こしょう…少々
くるみ（ローストしたもの）…40g
オリーブ油…小さじ2
ベビーリーフ…1パック
レモン果汁…小さじ2

作り方

❶ にんじんは皮をむいて1cm幅の輪切りにする。鶏肉はひと口大に切る。ローズマリーは葉を摘む。

❷ アルミホイルに❶のにんじんと鶏肉をのせて塩、こしょうをふり、くるみ、ローズマリー、オリーブ油を散らして包む。魚焼きグリルに入れ、上下強火で15分ほど焼く。

❸ 器にベビーリーフを敷き、❷をのせ、レモン果汁をふる。

玉ねぎのきほん

重さの目安

1個＝約200g
大1個＝約250g

選び方

皮がピンと張っていて乾いているもの、ぎゅっとしまっているものがおいしい。芽が出ていたり、根がのびていたりするものは古い。触ってみて、やわらかいものも避けて。

POINT いろいろな玉ねぎ

通年出回っている玉ねぎは、収穫後に乾燥させてから出荷されるもの。日持ちはするものの辛みが強い。一方、「新玉ねぎ」は収穫後すぐに出荷されるもので、水分が多く、辛みが少ない。「紫玉ねぎ」も辛みが少ないので生食に向いている。手に入るようなら、新玉ねぎや紫玉ねぎがサラダにはおすすめ。

POINT 薄切り

玉ねぎを縦半分に切って切り口を下にして置き、端からできるだけ薄く切る。写真のように玉ねぎの繊維を断ち切るように薄切りにすると、食感がやわらかくなり、辛みも抜けやすい。

POINT 角切り

玉ねぎを縦半分に切って切り口を下にして置き、つけ根を切り離さないよう、端から1cmほどの幅に切り込みを入れる。玉ねぎの向きを横にして、端から1cm幅に切る。同様にして幅をせまくすればみじん切りに。

玉ねぎのおかかマヨ

材料（2人分）

玉ねぎ…1個（200g）
マヨネーズ…小さじ1
しょうゆ…小さじ1・1/2
削り節…3g

作り方

1. 玉ねぎは薄切りにする。
2. マヨネーズとしょうゆを混ぜ、1をあえる。
3. 器に盛り、削り節をのせる。

POINT 辛みの取り方

その1 そのまま置く

玉ねぎを切ったら皿やバットなどに並べ、そのまま放置する。5分ほど置くと、辛み成分が揮発する。食べてみて辛ければ、さらに置く。

その2 水にさらす

玉ねぎを切ったら、すぐにたっぷりの水にさらす。辛みが抜け、シャキッとした食感になる。さらす時間は2～5分。さらしすぎると、うまみ成分が流出してしまうので注意。

ざるに上げて水けをきり、ペーパータオルで押さえて余分な水分を吸収させる。

作りおきサラダ

玉ねぎのオイルマリネ

大きめの空きびんに、
玉ねぎとドレッシングの材料を入れ、
ふたをしてよ～くふって味をなじませる方法も

保存方法・保存期間

清潔な保存容器に入れてふたをし、**冷蔵室で約１週間**

材料（でき上がり量約320g）

玉ねぎ…大1個（250g）

A
- 酢…大さじ3
- サラダ油（またはオリーブ油）…大さじ3
- 塩…小さじ1/2
- こしょう…少々

作り方

❶ 玉ねぎは薄切りにする。

❷ Aを混ぜて❶をしっかりあえる。

アレンジ

厚揚げの玉ねぎのっけ

材料（2人分）

玉ねぎのオイルマリネ…1/2量（160g）
厚揚げ…1枚（220g）
青じそ…3枚
しょうゆ…少々

作り方

❶ フライパンを中火で熱し、厚揚げの表面をカリッと焼き、食べやすい大きさに切る。青じそはせん切りにする。

❷ 器に厚揚げを盛り、玉ねぎのオイルマリネ、青じそをのせ、しょうゆをかける。

焼いた肉や魚にのせても

マリネが具と調味料の二役！

アレンジ

あじのカルパッチョ

材料（2人分）

玉ねぎのオイルマリネ…1/2量（160g）
あじ（刺し身）…150g
ブロッコリースプラウト…1/2パック（10g）

作り方

❶ あじはそぎ切りにする。ブロッコリースプラウトは根元を切る。

❷ 器にあじを並べ、玉ねぎのオイルマリネ、ブロッコリースプラウトをのせる。

+1,2食材サラダ

焼き玉ねぎとベーコンのサラダ

フライパンでじっくり焼いた玉ねぎの甘みと香ばしさを、
ヨーグルトの酸味が引き立てます

材料（2人分）

玉ねぎ…大1個（250g）
ベーコン…3枚
オリーブ油…大さじ1/2
A｜プレーンヨーグルト…大さじ1
　｜オリーブ油…小さじ1
　｜りんご酢（または酢）…小さじ1
　｜にんにくのすりおろし…小さじ1/2
　｜粒マスタード…小さじ1/2
　｜砂糖…小さじ1/2
　｜塩、こしょう…各少々

作り方

❶ 玉ねぎは1cm幅の輪切りにする。ベーコンは3cm幅に切る。
❷ フライパンにオリーブ油を強めの中火で熱し、玉ねぎを焼く。両面にこんがりと焼き色がつき、中まで火が通ってきたら、フライパンの空いたところにベーコンを加えて焼く。カリッとしたら玉ねぎとさっと混ぜ、器に盛る。
❸ Aをよく混ぜ、❷にかける。

のボリュームサラダ

玉ねぎと牛しゃぶの韓国風サラダ

しゃぶしゃぶ肉はぬるめの湯でやわらかくゆでるのがコツ。脂身のバランスがよい肩ロース肉や、豚肉で作っても

材料（2人分）

玉ねぎ…1/2個（100g）
牛もも肉しゃぶしゃぶ用…200g
三つ葉…1束（30g）

A
- ごま油…大さじ1
- コチュジャン…小さじ2
- 酢…小さじ2
- しょうゆ…小さじ2
- みりん…小さじ1
- はちみつ…小さじ1
- 炒り白ごま…小さじ1
- にんにくのすりおろし…小さじ1/2

作り方

❶ 牛肉はぬるめの湯（約70°C）でゆで、色が変わったら冷水にとり、ざるに上げて水けをしっかりふく。
❷ 玉ねぎは薄切りにする。三つ葉は3cm幅のざく切りにする。
❸ Aをよく混ぜ、❶、❷をしっかりあえる。

!?

手順通りで、あら不思議！

本当においしいグリーンサラダの作り方

グリーンサラダのきほん

1 水にさらす

収穫から時間の経った葉野菜は水を吸わせて元気にさせます。水にさらすことで、シャキシャキの食感に。

大きめのボウルに冷水をたっぷり入れます。水道の水がぬるければ、氷を足してもよいでしょう。葉野菜は1枚ずつはがして水にさらし、10分ほどおきます。野菜が冷えすぎて、栄養も抜けてしまうので、長時間さらさないように。

2

葉をちぎる

葉野菜をグリーンサラダにするなら、「切る」よりも「ちぎる」がおすすめ。特にレタスは金属に反応して切り口から変色しやすいので、手でちぎります。

葉を食べやすい大きさにちぎります。ひねると葉が傷つくので、指でつまんでちぎります。時間がない場合は、ちぎってから水にさらすと短時間でシャキッとします。葉野菜は複数合わせると、食感や香りの違いで飽きずに食べられます。

3

水けをきる

野菜に水分が残っていると、ドレッシングの味が薄まり、仕上がりもベチャッとしてしまいます。野菜の水けはしっかり取り除くことが大事です。

大きめのビニール袋にペーパータオルを2〜3枚入れ、ちぎった葉野菜も入れます。風船のように袋に空気を含ませて持ち、シャカシャカとふってペーパーに余分な水分を吸わせます。ぬれたペーパーだけ取り出し、そのまま冷蔵室で食べる直前まで冷やしておけば、さらにシャキシャキします。サラダスピナーを使っても。

4

ドレッシングを作る

ドレッシングの材料を泡立て器で混ぜる方法が一般的ですが、空きびんに材料を入れてガーッとふるほうが簡単な上に、油と酢がよくなじみます。時間が経つと油が分離するので、使う直前に再度ふってなじませて。

清潔なふたつきの空きびんに酢、砂糖、マスタード、塩、こしょうを入れ、サラダ油は分量の¼量を加え、ふたをしてガーッとふって混ぜます。ふたを外し、同様にサラダ油を加えてはふり、加えてはふり、を繰り返します。一度に加えるよりも油が分離せず、他の材料としっかり混ざります。

5

あえる

ドレッシングはかけてもあえてもどちらでもＯＫ。でも、「あえる」ほうが、葉の1枚1枚に味が絡みます。葉野菜が傷つかないように、手も使ってあえましょう。塩分と葉野菜が合わさると、浸透圧の関係で葉から水分が出てくるので、食べる直前にあえましょう。

ボウルに葉野菜を入れてドレッシングを注ぎ、手と菜箸で、底からすくうように大きくあえます。小さめのボウルで無理にあえると葉が折れてしまうので、なるべく大きめのボウルを選んで。

定番 グリーンサラダ

グリーンサラダはサラダの王様。
「きほん」に忠実に作れば、
本当においしいサラダに出会えます

材料（作りやすい分量）

レタス…2〜3枚（100g）
サラダ菜…1/2個（50g）
ベビーリーフ…50g
フレンチドレッシング
　サラダ油…大さじ2
　酢…大さじ1
　砂糖…小さじ1/2
　塩…小さじ1/3
　マスタード…小さじ1/4
　こしょう…少々

作り方

❶ レタス、サラダ菜は1枚ずつはがし、ベビーリーフとともに冷水に10分ほどさらしてシャキッとさせる。
❷ レタスとサラダ菜は食べやすく手でちぎり、余分な水分をしっかりきる。
❸ フレンチドレッシングの材料をよく混ぜる。
❹ ❷を❸でざっくりあえる。

グリーンサラダ
アレンジ

シーザーサラダ

グリーンリーフの代わりにロメインレタスを使えば、本格的なシーザーサラダに

材料（作りやすい分量）

グリーンリーフ…大5枚（150g）
ベーコン…3枚
バゲット…60g
温泉卵…1個
揚げ油…適量
A
- マヨネーズ…大さじ2
- アンチョビのみじん切り…小さじ1
- 粉チーズ…小さじ1
- 牛乳…小さじ1
- ウスターソース…小さじ1
- レモン果汁…小さじ1
- にんにくのみじん切り…小さじ1/2

作り方

❶ グリーンリーフは1枚ずつはがし、冷水に10分ほどさらしてシャキッとさせる。食べやすい大きさにちぎり、余分な水分をしっかりきる。

❷ ベーコンは1.5cm幅に切る。フライパンを中火で熱し、ベーコンをカリカリになるまで焼く。バゲットは手でちぎる。揚げ油を170℃に熱し、バゲットをカリッと揚げる。

❸ Aをよく混ぜる。

❹ 器に❶、❷、温泉卵をのせ、❸をかける。温泉卵をつぶしてざっくりあえる。

グリーンサラダ
アレンジ

サニーレタスとズッキーニのハーブサラダ

バジルやディル以外に、クレソンやミントなど香り豊かな野菜やハーブを加えても

材料（作りやすい分量）

サニーレタス…1/3個（100g）
ズッキーニ…1/2本
ディル、バジル…各5g
A
- バルサミコ酢…小さじ2
- オリーブ油…小さじ2
- しょうゆ…小さじ1/2
- 塩…小さじ1/4
- こしょう…少々

アーモンドスライス…10g

作り方

❶ サニーレタスは1枚ずつはがす。ズッキーニはピーラーでリボン状にスライスし、サニーレタスとともに冷水に10分ほどさらしてシャキッとさせる。
❷ サニーレタスは食べやすい大きさにちぎり、ズッキーニとともに余分な水分をしっかりきる。
❸ ディル、バジルは食べやすくちぎる。
❹ Aはよく混ぜる。
❺ フライパンを中火で熱し、アーモンドスライスを炒ってパリッとさせる。
❻ ボウルに❷、❸、❹を入れてざっくりあえ、器に盛って❺を散らす。

Part 2

肉や魚介で献立の主役に！
主菜サラダ

忙しい日々の中で、毎日の献立を考えるのって、大変ではありませんか。特に主菜は悩みのたね。ハンバーグや餃子など、大好きなメニューの多くは手間がかかります。だったら、主菜をサラダにしちゃいましょう。
肉や魚介をたっぷり使った、食べごたえのあるサラダです。サラダなら時間もかからないし、野菜も一緒に食べられるのでヘルシー！ 食卓も華やかになります。

このパートに出てくる
いろいろなサラダ

作りおき & サラダ

作りおき＆サラダ
肉や魚介の**作りおきおかず**と、それを使った**アレンジサラダ**を提案しています。

ボリューム サラダ

ボリュームサラダ
肉や魚介＆野菜で作る、食べごたえのある**主菜クラス**のサラダ。おもてなしにもぴったり。

作りおき & サラダ!

鶏肉で

蒸し鶏

鶏肉は皮つきのほうがしっとり仕上がりますが、お好みで皮なしでもOK

保存方法・保存期間

清潔な保存容器に蒸し汁ごと入れてふたをし、冷蔵室で3～4日間

材料（作りやすい分量）

鶏むね肉…2枚（600g）
塩…小さじ1
長ねぎ（青い部分）…1本分
しょうがの薄切り…1片分
酒…150ml

作り方

❶ 鶏肉は室温にもどして塩をまぶす。
❷ 厚手の鍋に❶を入れ、長ねぎ、しょうがをのせ、酒を回し入れてふたをする。強火にかけ、沸騰したら弱火にし、5分ほど蒸す。
❸ 火を止めてそのまま30分以上おき、粗熱をとる。

POINT

鶏肉は余熱で火を通す。肉が白っぽくなり、触って弾力があれば完成。鶏肉の臭みを消すためのねぎ、しょうがは取り除く。

サラダアレンジ

白菜サラダ

生の白菜のおいしさに驚き！

材料（2人分）

蒸し鶏…1枚分
白菜…2〜3枚（200g）
青じそ…5枚
A ごま油…大さじ1
　すだち果汁…大さじ1
　しょうゆ…大さじ1
　蒸し鶏の蒸し汁…小さじ1
　砂糖…小さじ1
　塩、こしょう…各少々

作り方

❶ 白菜は5cm幅のざく切りにし、繊維に沿って1cm幅に切る。青じそは1cm幅に切る。蒸し鶏は手でほぐす。
❷ ❶をAでざっくりあえる。

サラダアレンジ

焼きなすと豆苗のサラダ

ゆずこしょうをエスニック使いに

材料（2人分）

蒸し鶏…1枚分
なす…3本
豆苗…1パック（正味100g）
ごま油…大さじ2
A 蒸し鶏の蒸し汁…小さじ2
　ナンプラー…小さじ2
　砂糖…小さじ1
　ゆずこしょう…小さじ1/2
　赤唐辛子の小口切り…ひとつまみ

作り方

❶ 蒸し鶏は手でほぐす。なすはへたを切って縦4等分に切る。豆苗は根元を切り落として半分に切る。
❷ フライパンにごま油を強火で熱し、なすをこんがりと焼く。
❸ Aをよく混ぜ、蒸し鶏、豆苗、❷をざっくりあえる。

鶏肉でボリュームサラダ

チキンとりんごのグリルサラダ

香ばしく焼いた鶏肉と甘酸っぱいりんごがベストマッチ。
バターとバルサミコ酢でコクのある味に

材料（2人分）

鶏もも肉…1枚（300g）
りんご…1/2個
サニーレタス…1/3個（100g）
塩、こしょう…各少々
オリーブ油…少々
バター…10g
A
- バルサミコ酢…小さじ2
- しょうゆ…小さじ2
- はちみつ…小さじ1
- 塩…小さじ1/4
- こしょう…少々

あればピンクペッパー…少々

作り方

❶鶏肉は皮目をフォークで数か所さし、塩、こしょうをふる。りんごは皮つきのままひと口大に切る。サニーレタスは食べやすい大きさにちぎり、水にさらしてシャキッとさせ、水けをきる。

❷フライパンにオリーブ油を薄くのばして強めの中火で熱し、鶏肉を皮目から焼く。皮がパリッとしてこんがりと色づいたら裏返して焼き、中まで火が通ったら取り出す。食べやすく切る。

❸フライパンに残った脂にバターを加えて弱めの中火にかけ、りんごを加えてさっと炒め、取り出す。

❹❸のフライパンにAを入れて弱火にかけ、煮立ったら火を止める。

❺ボウルにサニーレタス、❷、❸を入れ、❹を加えてざっくりあえる。器に盛り、あればピンクペッパーを散らす。

鶏肉で ボリュームサラダ

ひき肉はポロポロに炒めず、かたまりが残るように焼きつけて食べごたえを出します

鶏ひき肉とれんこんのクリームチーズサラダ

材料（2人分）

鶏ひき肉…200g
れんこん…150g
ルッコラ…1束（50g）
クリームチーズ…50g
オリーブ油…小さじ1
A｜塩…小さじ1/3
　｜こしょう…少々

作り方

❶ クリームチーズは室温にもどす。
❷ ルッコラはざく切りにする。
❸ フライパンにオリーブ油を強めの中火で熱し、鶏ひき肉を入れてへらで押さえながら焼き、カリッとしたら取り出す。
❹ れんこんは皮をむいて5mm幅の半月切りにする。❸のフライパンを強めの中火で熱し、両面をこんがりと焼く。
❺ ❹が熱いうちに❶とざっくりあえ、Aをふる。さらに❸、❷を順に加えてざっくりあえる。

作りおき & サラダ

豚肉で

豚しゃぶ

さっぱりとした味がよければもも肉を、コクのあるタイプが好みなら肩ロースでも

保存方法・保存期間

清潔な保存容器に入れてふたをし、冷蔵室で３～４日間

材料（作りやすい分量）

豚ロース肉しゃぶしゃぶ用…400g

A　サラダ油…小さじ2
　　酢…小さじ1
　　塩…小さじ1/2

作り方

❶ 豚肉はぬるめの湯（約70°C）でゆで、色が変わったら冷水にとり、ざるに上げて水けをしっかりふく。

❷ Aを混ぜ、❶にまぶす。

POINT

塩と酢で調味することで、保存性も高まる。サラダ油を加えるのは、豚肉の乾燥を防ぐため。

山椒の香りでゴーヤが進む！

サラダ アレンジ

ゴーヤともやしのサラダ

材料（2人分）

豚しゃぶ…1/2量（200g）
ゴーヤ…1/2本（80g）
もやし…1袋（200g）
A ポン酢しょうゆ…大さじ1
　ごま油…大さじ1/2
　砂糖…小さじ1
粉山椒…小さじ1/2

作り方

❶ ゴーヤは種とわたを取り除いて薄切りにする。もやしはひげ根を取り除く。
❷ 鍋に湯を沸かし、❶を食感が残る程度に30秒〜1分ゆで、ざるに上げて水けをきり、粗熱をとる。
❸ Aを混ぜ、❷、豚しゃぶをざっくりあえる。器に盛り、粉山椒をふる。

サラダ アレンジ

にらトマトドレッシング

材料（2人分）

豚しゃぶ…1/2量（200g）
レタス…3〜4枚（100g）
にら…1/4束（20g）
トマト…小1/2個（50g）
A ごま油…大さじ1
　酢…大さじ1
　しょうゆ…大さじ1
　砂糖…小さじ1
　炒り白ごま…小さじ1
　しょうがのみじん切り…1片分

作り方

❶ レタスはせん切りにする。
❷ にらは小口切りにし、トマトはへたを取って5mm角に切り、Aを混ぜる。
❸ 器に❶、豚しゃぶを盛り、❷をかける。

にらと豚肉でスタミナ補給

豚肉で ボリュームサラダ

スパイスポークと紫キャベツのサラダ

クミンのエキゾチックな香りが漂うサラダ。
豚肉の脂と紫キャベツのほろ苦さがよく合います

材料（2人分）

豚こま切れ肉…200g
紫キャベツ（キャベツでも可）…1/6個（200g）
クレソン…1/2束（25g）
塩…適量
こしょう…少々
オリーブ油…小さじ2
クミンシード…小さじ1/4
にんにくのみじん切り…1片分
A 白ワインビネガー…大さじ1
　しょうゆ…小さじ1
　チリパウダー…少々

作り方

❶ 紫キャベツは細切りにし、塩小さじ1/2をふって軽くもみ、水分が出てきたら絞る。クレソンは食べやすい長さにちぎる。豚肉は塩少々、こしょうをふる。

❷ フライパンにオリーブ油、クミンシード、にんにくを弱火で熱し、香りが出てきたら強火にし、豚肉を炒める。カリッとしたら、Aを加えてさっと混ぜ、火を止める。

❸ 紫キャベツと❷をざっくりあえて器に盛り、クレソンをのせる。

豚肉で
ボリュームサラダ

肉だんごのアジアンサラダ

片栗粉をまぶして揚げ焼きした肉だんごに、
甘酸っぱいドレッシングをとろりと絡めて

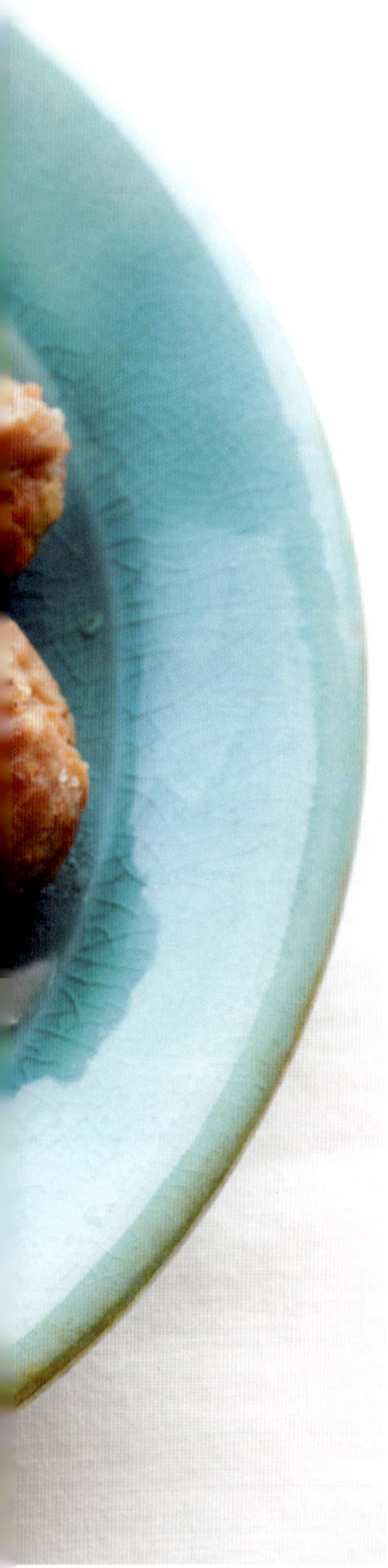

材料（2人分）

豚ひき肉…200g
大根…1/5本（200g）
香菜（あれば根のあるもの）…2〜3株
塩、こしょう…各少々
しょうがのみじん切り…1片分
にんにくのみじん切り…1片分
片栗粉…大さじ1
サラダ油…適量
A｜スイートチリソース…大さじ1
　｜ナンプラー…小さじ1・1/2
　｜酢…小さじ1

作り方

❶ 大根は皮をむき、ピーラーでリボン状にスライスする。香菜はざく切りにし、根はみじん切りにする。
❷ 豚ひき肉は塩、こしょうをふり、しょうが、にんにくのみじん切り、香菜の根のみじん切り、片栗粉を加えて練り混ぜる。ひと口大に丸め、片栗粉（分量外）を薄くまぶす。
❸ フライパンの深さ1cmまでサラダ油を注いで中火で熱し、❷をこんがり色づくまで揚げ焼きにする。
❹ Aを混ぜ、大根、香菜、❸をしっかりあえる。

作りおき & サラダ

牛肉で フライパンローストビーフ

オーブンがなくても作れるレシピです。
アルミホイルで包み、
余熱でじっくり火を通すのがコツ

保存方法・保存期間

ジッパーつき保存袋に入れて密閉、
または、清潔な保存容器に入れてふたをし、
(食べる直前に写真のようにスライスする)

冷蔵室で 3 ～ 4 日間

材料（作りやすい分量）

牛ももかたまり肉…400～500g
塩…小さじ2
こしょう…少々
にんにくのすりおろし…小さじ1
サラダ油…小さじ2

作り方

❶ 牛肉は室温にもどし、塩、こしょう、にんにくをすり込む。

❷ フライパンにサラダ油を中火で熱し、❶を焼く。各面4～5分ずつ（400gなら4分、500gなら5分）、こんがりと焼く。

❸ ❷をアルミホイルで二重に包み、そのままおいて粗熱をとる。

POINT

牛肉が400gなら各面4分ずつ、500gなら5分を目安に、こがさないように焼きつける。トングを使うと焼きやすい。

サラダアレンジ

セロリのサラダ

セロリの食感と香りを楽しむ

材料（2人分）

ローストビーフ…1/2量（200～250g）
セロリ…2本（200g）
A ｜ オリーブ油…小さじ2
　｜ 塩…小さじ1/4
　｜ こしょう…少々
レモンのくし形切り…1/4個分

作り方

❶ セロリは茎の部分をピーラーでリボン状にスライスする。葉はざく切りにする。Aを混ぜ、セロリをざっくりあえる。
❷ ローストビーフは薄切りにし、❶とざっくりあえる。
❸ 器に盛り、レモンを添える。

サラダアレンジ

貝割れとみょうがのサラダ

わさびで和風テイストに

材料（2人分）

ローストビーフ…1/2量（200～250g）
貝割れ菜…1パック
みょうが…3個
A ｜ 酢…小さじ2
　｜ しょうゆ…小さじ2
　｜ 酒…小さじ2
　｜ 砂糖…小さじ2/3
　｜ サラダ油…小さじ1/2
　｜ 練りわさび…小さじ1/2

作り方

❶ ローストビーフは薄切りにする。
❷ 貝割れ菜は根を切り落として半分に切り、みょうがは縦半分に切って斜め薄切りにする。
❸ Aを混ぜ、❶、❷をざっくりあえる。

牛肉で

牛肉とごぼうのサラダ

レモンマヨネーズは、ビニール袋に材料を入れて混ぜ、袋の角を小さく切って搾り出します

材料（2人分）

牛切り落とし肉…200g
ごぼう…1本（100g）
水菜…1/2束（100g）
ごま油…小さじ2
A　しょうゆ…大さじ1
　　みりん…大さじ1
　　赤唐辛子の小口切り…ひとつまみ
B　マヨネーズ…大さじ1
　　レモン果汁…小さじ1
炒り白ごま…小さじ1

作り方

❶ ごぼうはささがきにする。水菜はざく切りにする。
❷ フライパンにごま油を強火で熱し、ごぼう、牛肉を炒める。火が通ったらAを加えて煮絡める。
❸ 器に水菜を盛って❷をのせ、Bをビニール袋に入れて混ぜ、細く搾り出し、ごまをふる。

牛肉で

ボリュームサラダ

具材を一緒に口に入れてよ～くかむと、Mのマークで有名なハンバーガーチェーンの、…あの味に！

牛ひき肉とアボカドのサラダ

材料（2人分）

- 牛ひき肉…200g
- アボカド…1個
- レタス…3枚（150g）
- コーン缶…小1缶（55g）
- 塩、こしょう…各少々
- A
  - マヨネーズ…大さじ2
  - トマトケチャップ…小さじ2
  - 酢…小さじ1/2
  - 砂糖…小さじ1/2
  - 塩…小さじ1/4
  - こしょう…少々

作り方

❶フライパンを強火で熱し、油を引かずに牛ひき肉を炒める。ポロポロにほぐれて透明な脂が出てきたら、塩、こしょうで味を調える。

❷アボカドは半分に切って種を取り除き、皮をむいて1cm角に切る。レタスは細切りにする。コーンは汁けをきる。

❸Aをよく混ぜる。

❹器にレタスを敷き、❶、アボカド、コーンをのせ、❸をかける。

作りおき & サラダ

魚で手作りツナ

うまみが豊かでしっとりとした口当たりは、手作りならでは。サラダ以外にもパスタやサンドイッチなどにも重宝します

保存方法・保存期間

清潔な保存容器に油ごと入れ、落としぶたのようにピタッとラップをかけ、ふたをする。

冷蔵室で約１週間

材料（作りやすい分量）

まぐろ赤身…2さく（300g）
塩…小さじ2
ローリエ…4枚
にんにく…1片
オリーブ油…適量

作り方

1. まぐろは塩をまぶし、表面にローリエをはりつける。バットに並べ、ラップをかけて冷蔵室にひと晩おく。
2. にんにくは半分に切る。
3. フライパンに1とにんにくを入れ、オリーブ油をひたひたに入れて、強火にかける。ふつふつしてきたら弱火にし、15分ほど煮て火を止め、そのまま冷ます。

POINT

油を煮立たせないように、ごく弱火でまぐろを煮る。15分ほど煮たら火を止め、余熱でじんわりと火を入れる。

海の幸をひと皿に

サラダアレンジ

海藻ミックスのサラダ

材料（2人分）

手作りツナ…1/2量（1さく分）
海藻ミックス（乾燥）…10g
大根…1/5本（200g）
A ┃ 手作りツナの油…大さじ1
┃ 酢…大さじ1
┃ しょうゆ…小さじ1
┃ マスタード…小さじ1/2
┃ 塩、こしょう…各少々

作り方

❶ 海藻ミックスは水に浸してもどす。大根は皮をむいてせん切りにする。ツナは粗くほぐす。
❷ Aを混ぜ、❶をざっくりあえる。

サラダアレンジ

しめじのレタスカップ

材料（2人分）

手作りツナ…1/2量（1さく分）
しめじ…1パック（100g）
レタス…小4枚
手作りツナの油…大さじ2
しょうゆ…少々
かぼす（ゆずやすだちでも可）…1/2個

作り方

❶ しめじは石づきを取り除いてほぐす。ツナは粗くほぐす。レタスは1枚ずつはがす。かぼすは半月切りにする。
❷ フライパンに手作りツナの油を強火で熱し、しめじを炒める。しんなりしてきたらツナを加えてさっと炒め、しょうゆを絡める。
❸ レタスに❷をのせる。器に盛り、かぼすを添える。

パクッとひと口サイズ

グリルめかじきのトマトドレッシング

トマトはサラダの具というよりも、調味料の一部。
加熱したトマトのうまみと酸味が口いっぱいに広がります

材料（2人分）

- **めかじき**…2切れ（200g）
- トマト…大1/2個（100g）
- 玉ねぎ…1個（200g）
- サラダ菜…1/2個（50g）
- 塩…小さじ1/4
- こしょう…少々
- オリーブ油…大さじ2
- にんにく…1片
- A
  - バルサミコ酢…大さじ1
  - しょうゆ…大さじ1
  - はちみつ…小さじ1

作り方

❶ めかじきは食べやすい大きさに切って塩、こしょうをふる。トマトはへたを取って1cm角に切る。玉ねぎは1cm幅の輪切りにする。サラダ菜は食べやすい大きさにちぎる。にんにくは半分に切る。

❷ フライパンにオリーブ油大さじ1、にんにくを入れて強火で熱し、玉ねぎをこんがりと両面焼く。オリーブ油大さじ1を加え、めかじきをこんがりと両面焼く。

❸ 器にサラダ菜を盛り、❷をのせる。

❹ ❷のフライパンにトマト、Aを入れて中火にかけ、煮立ったら❸にかける。

魚で

ボリュームサラダ

揚げさばとせりのサラダ

揚げたさばのコクと、せりの爽快な香りが互いのよさを引き立てます。
ドレッシングのカレー粉としょうがで味に深みを

材料（2人分）

さば（三枚におろしたもの）…200g
せり…1束（150g）
塩…小さじ1/4
こしょう…少々
片栗粉…適量
揚げ油…適量
A
- 酢…小さじ2
- しょうゆ…小さじ2
- オリーブ油…小さじ2
- 砂糖…小さじ1/2
- カレー粉…小さじ1/2
- しょうがの絞り汁…小さじ1/2

作り方

❶ さばはそぎ切りにして塩、こしょうをふり、片栗粉をまぶす。揚げ油を170℃に熱し、さばをからりと揚げる。
❷ せりは根を切り落としてざく切りにし、水にさらしてシャキッとさせ、水けをしっかりきる。
❸ Aを混ぜ、❶、❷をざっくりあえる。

魚で

ボリュームサラダ

サーモンとパプリカのマカロニサラダ

さけは脂の多いサーモントラウトがおすすめ。
ショートパスタは、ドレッシングがよく絡むネジネジのフジッリを選んで

材料（2人分）

サーモントラウト（または生ざけ）…2切れ（200g）
パプリカ（赤・黄）…各1個
ショートパスタ（フジッリ）…100g
ディル…20g
塩…小さじ1/4
こしょう…少々
A
- マヨネーズ…大さじ1
- プレーンヨーグルト…大さじ1
- レモン果汁…小さじ1
- 塩…小さじ1/4
- こしょう…少々

作り方

❶ サーモンはひと口大に切り、塩、こしょうをふる。フライパンを強めの中火で熱し、油をひかずにカリッと焼く。
❷ パプリカはへたと種を取り除き、1cm四方に切る。ディルは粗く刻む。
❸ 鍋に熱湯5カップを沸かして塩大さじ1（分量外）を入れ、ショートパスタを表示通りにゆでる。ざるに上げて水けをきり、粗熱をとる。
❹ Aをよく混ぜる。
❺ ❶、パプリカ、❸をざっくりあえて器に盛り、ディルを散らして❹をかける。

えびで ボリュームサラダ

えび、ほたて、かぶのサラダ

焼いた魚介に白ワインをふると、生臭さがおさえられ、風味が増します。白ワインがなければ、日本酒を代用しても

材料（2人分）

えび…6尾（100g）
ほたて貝柱…100g
かぶ…3個（450g）
塩、こしょう…各少々
オリーブ油…大さじ1/2
白ワイン…大さじ1
A　オリーブ油…小さじ2
　白ワインビネガー…小さじ2
　粒マスタード…小さじ1
　こしょう…少々

POINT

えびの背わたは、えびの背側に浅く切り込みを入れ、包丁の刃先でかき出すと簡単に取れる。

作り方

❶ えびは尾とひと節を残して殻をむき、背に少し切り込みを入れて背わたを取り除く。ほたてと合わせて塩、こしょうをふる。

❷ かぶは葉を残して皮をむき、くし形に切る。塩小さじ1（分量外）をふって軽くもみ、30分ほどおいて水けをきる。

❸ フライパンにオリーブ油を強めの中火で熱し、❶を焼く。こんがりと焼けたら白ワインをふってアルコールをとばす。

❹ Aを混ぜ、❷、❸をざっくりあえる。

えびで
ボリューム
サラダ!!

えびと豆腐の中華サラダ

生のチンゲン菜は驚くほど
シャキシャキでみずみずしい!
ボイルえびも豆腐もそのまま食べられるから、
ささっと作れます

材料（2人分）

ボイルえび…100g
木綿豆腐…1/2丁（150g）
チンゲン菜…1株（150g）
味つきザーサイ…20g
A
- ごま油…大さじ1
- 酢…大さじ1
- しょうゆ…小さじ2
- 塩、こしょう…各少々

バターピーナッツ…20g

作り方

❶ 豆腐は食べやすい大きさにほぐし、ペーパータオルにのせて水けをきる。
❷ チンゲン菜は4cm長さのざく切りにし、繊維に沿って1cm幅の細切りにする。
❸ ザーサイは粗く刻み、Aと合わせて混ぜる。
❹ 器に❶、❷、ボイルえびを盛り、❸をかけ、砕いたバターピーナッツを散らす。

レモンの果実と仕上げに削った皮の香気が、
えびとブロッコリーの香ばしさを際立たせます

えびとブロッコリーのホットサラダ

材料（2人分）

えび…10尾（200g）
ブロッコリー…1株（200g）
にんにく…1片
アンチョビ…5枚
レモン…1/2個
塩、こしょう…各少々
オリーブ油…大さじ1

作り方

❶ えびは尾とひと節を残して殻をむき、背に少し切り込みを入れて背わたを取り除き、塩、こしょうをふる。
❷ ブロッコリーは小房に分け、大きな房は半分に切る。
❸ にんにくは薄切りにする。アンチョビは粗く刻む。レモンは皮をむいて輪切りにする（皮は取っておく）。
❹ フライパンにオリーブ油、にんにくを入れて強めの中火で熱し、香りが出てきたら❶、❷を加えて焼く。全体がこんがりと焼けたら、アンチョビ、レモンを加えてさっと炒め合わせる。
❺ 器に❹を盛り、レモンの皮を削って散らす。

いか・たこで たっぷりシーフードのチョレギサラダ

下処理済みのいかとたこで、ささっと一品できました。豆板醤の辛みとのりの香りで箸が進みます

材料（2人分）

ボイルいか…100g
ゆでたこ…100g
サニーレタス…1/2個（150g）
長ねぎ…1/3本
焼きのり（全型）…1枚

A
- 酢…小さじ2
- しょうゆ…小さじ2
- ごま油…小さじ2
- にんにくのすりおろし…小さじ1/2
- 砂糖…小さじ1/3
- 豆板醤…小さじ1/3

作り方

❶ サニーレタスは食べやすい大きさにちぎる。長ねぎは縦半分に切って斜め薄切りにする。合わせて水にさらしてシャキッとさせ、水けをきる。たこはそぎ切りにする。

❷ Aを混ぜ、❶、いか、ちぎった焼きのりをざっくりあえる。

いか・たこでボリュームサラダ

いかとオクラのサラダ

トマトケチャップにはちみつや豆板醤などを混ぜた、甘酸っぱくてちょっぴり辛いスイートチリソース風のドレッシング

材料（2人分）

いか…1ぱい（300g）
オクラ…8〜10本
サラダ玉ねぎ（玉ねぎでも可）
…1個
A
- トマトケチャップ…大さじ1/2
- はちみつ…大さじ1
- サラダ油…小さじ2
- にんにくのみじん切り…小さじ1/2
- 豆板醤…小さじ1/2
- 塩…小さじ1/3

作り方

❶ いかは胴から足を引き抜き、胴は軟骨を取って輪切りにする。足はわたと先端を切り落とし、吸盤を取って2〜3本ずつに切り分ける。熱湯で2分ほどゆで、ざるに上げて水けをきる。

❷ オクラはがくを取り除き、塩少々（分量外）をふってもみ、熱湯で1分ほどゆでる。粗熱がとれたら斜め半分に切る。

❸ 玉ねぎは薄切りにする。

❹ Aを混ぜ、❶、❷、❸をざっくりあえる。

POINT

いかの足の吸盤は残っていると口当たりが悪いので、キッチンばさみでまとめてカットする。

たこのキムチサラダ

キムチの酸味とうまみも、おいしさの大事な要素。
おかずにもいいけれど、ビールのおつまみにも最高です！

材料（2人分）

ゆでたこ…150g
きゅうり…2本
ミニトマト…16個（100g）
白菜キムチ…100g
A ごま油…大さじ1
　酢…小さじ2
　しょうゆ…小さじ1
　塩…小さじ1/4
　こしょう…少々
炒り白ごま…適量

作り方

❶ たこは食べやすく切る。きゅうりは縦半分に切って斜め薄切りにする。ミニトマトはへたを取って半分に切る。白菜キムチはざく切りにする。
❷ Aを混ぜ、❶をざっくりあえる。
❸ 器に盛り、ごまをふる。

つまみや朝食にぴったり！
豆腐とゆで卵で作るミニサラダ

冷ややっこサラダ

豆腐をほぐして
味を絡めてどうぞ

市販品でパパッと完成！

もずく酢ドレッシングやっこ

材料（2人分）と作り方

❶ 豆腐（木綿でも絹ごしでも可）1/2丁はペーパータオルで包んで水けをきる。

❷ 味つきもずく酢1パックとごま油小さじ1をよく混ぜる。

❸ 豆腐を半分に切って器に盛り、❷をかける。

きゅうりと塩昆布やっこ

塩昆布がいい仕事をします！

ミニトマトと青じそやっこ

トマトの水分も余さず味わう

材料（2人分）と作り方

❶ 豆腐（木綿でも絹ごしでも可）1/2丁はペーパータオルで包んで水けをきる。

❷ きゅうり1/2本は細切りにする。

❸ ごま油、酢各小さじ1、炒り白ごま小さじ1/2、塩、こしょう各少々をよく混ぜる。

❹ 豆腐を半分に切って器に盛り、❷、塩昆布5gを等分にのせ、❸をかける。

材料（2人分）と作り方

❶ 豆腐（木綿でも絹ごしでも可）1/2丁はペーパータオルで包んで水けをきる。

❷ 青じそ3枚はちぎる。ミニトマト16個（100g）はへたを取って4等分に切り、塩小さじ1/3をふって混ぜる。

❸ ミニトマトから水けが出てきたらオリーブ油小さじ2、こしょう少々、青じそをあえる。

❹ 豆腐を半分に切って器に盛り、❸をのせる。

マヨネーズにひと手間かけて

ゆで卵サラダ

ゆで卵の作り方

冷蔵庫から出した卵を熱湯に静かに入れて中火でゆで、好みのかたさにゆでる。卵黄を半熟に仕上げるなら7分30秒〜8分、固ゆで卵なら10分を目安に。

ピーマンのほろ苦さが合う！

ツナマヨ＋ピーマンのっけ

材料（2人分）と作り方

❶ ゆで卵2個は殻をむいて半分に切り、器に盛る。

❷ ピーマン1/2個は薄い輪切りにする。

❸ ツナ缶10g、マヨネーズ小さじ2を混ぜる。

❹ ❶に❷、❸をのせる。

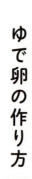

ワインのお供にも

カレーマヨ＋サーディンのっけ

材料（2人分）と作り方

❶ゆで卵2個は殻をむいて半分に切り、器に盛る。

❷マヨネーズ大さじ1、カレー粉小さじ1/4を混ぜる。

❸❶にオイルサーディン4切れを等分にのせ、❷をかける。

ナンプラーマヨ＋玉ねぎのっけ

材料（2人分）と作り方

❶ゆで卵2個は殻をむいて半分に切り、器に盛る。

❷マヨネーズ小さじ2とナンプラー小さじ1/2を混ぜる。

❸❶に玉ねぎのみじん切り大さじ2を等分にのせ、❷をかける。

ゆで卵が一気にエスニック！

Part 3

豆・雑穀・フルーツでバランスサラダ

パワーサラダを知っていますか。
野菜やフルーツ、肉、魚介、豆類など
さまざまな食材を豊富に使い、
ナッツや雑穀などでトッピングをしたサラダのこと。
たんぱく質、脂質、食物繊維、
ビタミン、ミネラルといった、
体に必要な栄養素を
ひと皿でとることができます。
このパートでは、
パワーサラダをヒントに、
積極的に食べたい豆、雑穀、
フルーツを使って
栄養バランスを整えた
サラダをご紹介します。

組み合わせて

牛尾流

バランスサラダって？

野菜、フルーツ、たんぱく質食材、雑穀やナッツなどのトッピングを組み合わせたサラダを、パワーサラダといいます。

これらの食材をすべて使えればベストですが、材料の準備や下ごしらえに時間や手間がかかります。

難しい場合は、特に足りていない食材を選んで、ふだんのサラダに意識的に組み合わせるだけでも大丈夫。

無理せず、自分なりのバランスサラダを作ってみてください。

野菜

βカロテンやビタミンCを豊富に含む緑黄色野菜が特におすすめ。鉄分やカルシウムなどのミネラルも摂取できる。

フルーツ

ビタミンやミネラルのほか、食物繊維も豊富。

たんぱく質食材

健康な体作りに欠かせない栄養素。鶏肉、豚肉、魚介類、卵など。

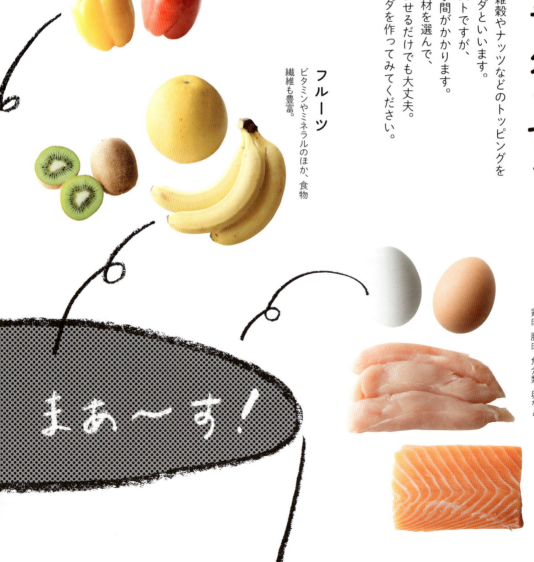

これらを

オイル

えごま油、ヘンプシードオイル、アボカドオイルなど、健やかな肌や髪を作り、老化防止にも効果的といわれるオイルを、加熱せずにドレッシングとして。オリーブ油やごま油でも。

豆類

日本人が不足しがちな豆。これもたんぱく質食材のひとつ。

雑穀

食物繊維やミネラルの宝庫。サラダのトッピングとして積極的に加えたい食材。

トッピング

ビタミンEやミネラルが豊富なアーモンドやくるみ、ビタミン類とポリフェノールが豊富なくこの実など。チーズやドライフルーツなどをトッピングするのもおすすめ。

ひと皿でいただき

豆 サラダ

キャロットラペに豆や鶏肉のたんぱく質をプラスして
栄養バランスのよい一品に

レンズ豆とささ身のキャロットラペ

材料（2人分）

乾燥レンズ豆…50g
鶏ささ身（筋を取ったもの）
…2本（100g）
にんじん…小1本（100g）
パセリ…10g
くるみ（ローストしたもの）…50g
A｜アボカドオイル（オリーブ油でも可）…小さじ2
｜白ワインビネガー…小さじ2
｜塩…小さじ1/3
｜こしょう…少々

作り方

❶ レンズ豆は熱湯で10～15分ゆで、ざるに上げて水けをきる。
❷ ささ身は熱湯で5分ほどゆで、ざるに上げて水けをきり、食べやすくほぐす。
❸ にんじんは皮をむいてスライサーでせん切りにする。パセリはみじん切りにする。くるみは粗く刻む。
❹ Aをよく混ぜ、❶、❷、❸をしっかりあえる。

POINT

レンズ豆のゆで方と保存方法

レンズ豆は、水にさらしてもどす必要がない扱いやすい豆です。ぐらぐらと煮立った熱湯で皮つきなら15分、皮なしなら10分を目安にゆでます。食べるたびにゆでるのがベストですが、多めにゆでて冷凍するのもおすすめ。小分けにしてラップで包み、ジッパーつき保存袋に入れて冷凍を。1～2か月保存できます。

きゅうり、玉ねぎ、パプリカをひよこ豆サイズに切って、コロコロと食べやすく

ひよこ豆とさけ水煮のサラダ

材料（2人分）

ひよこ豆の水煮…100g
きゅうり…1本
紫玉ねぎ（玉ねぎでも可）…1/2個
パプリカ（黄）…1/2個
さけの水煮缶…1缶（90g）
A
- クリームチーズ…50g
- えごま油（オリーブ油でも可）…大さじ1
- レモン果汁…大さじ1
- 塩…小さじ1/3
- こしょう…少々

作り方

❶ きゅうり、紫玉ねぎは1cm角に切る。パプリカはへたを取り除き、1cm角に切る。
❷ Aをよく混ぜ、ひよこ豆、❶、汁けをきったさけの水煮をざっくりあえる。

POINT

ひよこ豆のゆで方

ひよこ豆はたっぷりの水にひと晩さらします。写真のようにふっくらともどったら、沸騰した湯で30分ほどゆで、ざるに上げて水けをきります。キドニービーンズ（116ページ）も同様の方法でゆでられます。（ゆでたひよこ豆の保存方法は116ページに）。

キドニービーンズとカリフラワーのサラダ

ほくほくの豆、コリコリのカリフラワーの食感が後を引きます。ドレッシングであえて、少しおいてから食べてもおいしい

材料（2人分）

- **キドニービーンズの水煮**…100g
- カリフラワー…1/2株（200g）
- アボカド…小1個
- ハム…4枚
- 香菜…30g
- A
  - ヘンプオイル（オリーブ油でも可）…大さじ1/2
  - 白ワインビネガー…小さじ2
  - カレー粉…小さじ1/2
  - にんにくのすりおろし…小さじ1/2
  - 塩…小さじ1/3
  - こしょう…少々

作り方

1. カリフラワーは生のまま小房に分けて1cm幅に切る。アボカドは半分に切って種を取り除き、皮をむいて1cm角に切る。香菜はざく切りにする。ハムは1cm四方に切る。
2. Aをよく混ぜ、1、キドニービーンズをしっかりあえる。

POINT

ゆでた豆の保存方法

キドニービーンズやひよこ豆（114ページ）は多めにゆでて保存しておくと、さっと使えて便利です。冷蔵保存の場合はゆで汁にひたした状態で保存容器に入れ、約5日間、冷凍保存の場合は水けをきって小分けにし、ラップで包んでジッパーつき保存袋に入れ、1～2か月保存できます。

雑穀

サラダ

押し麦とゆで卵のサラダ

プチプチとはじけるような押し麦の食感がクセになります。卵、えび、野菜がたっぷりだから、ワンボウルで大満足

材料（2人分）

押し麦…100g
ゆで卵…3個
ボイルえび…100g
ミニトマト…16個（100g）
セロリ…1本（100g）
A オリーブ油…大さじ1
白ワインビネガー…大さじ1
マスタード…小さじ1
塩…小さじ1/2
こしょう…少々
あればパプリカパウダー…適量

作り方

❶ 押し麦は熱湯で10分ほどゆで、ざるに上げて水けをきる。
❷ ゆで卵は殻をむいて1cm角に切る。えびは1.5cm幅に切る。ミニトマトはへたを取って半分に切る。セロリは1cm角に切り、葉は1cm幅に切る。
❸ Aをよく混ぜ、❶、❷をざっくりあえる。器に盛り、あればパプリカパウダーをふる。

POINT

押し麦のゆで方

鍋にたっぷりの湯を沸かし、押し麦を入れます。湯がぐらぐら煮立つ火加減でゆでます。途中、アクが出てきたら、網じゃくしですくって取り除きましょう。

キヌアとミックスビーンズのサラダ

動物性食品を使わないので、ベジタリアンにも。
パプリカは種ごと食べてOK！

材料（2人分）

キヌア…50g
ミックスビーンズ…150g
アボカド…小1個
パプリカ（赤）…1/2個
クレソン…1束（50g）
A｜オリーブ油…大さじ1
｜トマトケチャップ…大さじ1
｜レモン果汁…小さじ2
｜にんにくのすりおろし…小さじ1/2
｜塩…小さじ1/3
｜こしょう…少々
｜タバスコソース…少々

作り方

❶ キヌアは熱湯で10分ほどゆで、ざるに上げて水けをきる。
❷ アボカドは半分に切って種を取り除き、皮をむいて1cm角に切る。パプリカはへたを取り除き、1cm角に切る。クレソンは葉を摘み、茎は小口切りにする。
❸ Aをよく混ぜ、❶、❷、ミックスビーンズをしっかりあえる。

POINT

キヌアの保存方法

多めにゆでたキヌアはしっかり水けをきって、一度に食べる量に分け、ラップでぴっちり包んでジッパーつき保存袋に入れ、冷凍保存を。約1か月保存できます。押し麦（118ページ）、そばの実（122ページ）も同様に保存できます。

そばの実とツナのサラダ

そばの実のほろ苦さ、ツナのうまみ、かぶのみずみずしさ、柑橘のさわやかな香り。
どれが抜けても成立しない絶妙のおいしさ

材料（2人分）

そばの実…150g
ツナ缶…大1缶（140g）
かぶ…3個（450g）
マッシュルーム…50g
塩…少々
A　すだち果汁（ゆずやかぼすでも可）…大さじ1
　　薄口しょうゆ…小さじ1
　　塩…小さじ1/4
　　こしょう…少々

作り方

❶ そばの実は熱湯で10分ほどゆで、ざるに上げて水けをきる（下記の方法で炊いてもよい）。
❷ かぶは皮をむいて1.5cm角に切り、葉は1cm幅のざく切りにする。塩をふってもみ、10分ほどおいて水けをきる。
❸ マッシュルームは薄切りにする。
❹ Aをよく混ぜる。
❺ ❹にツナ缶をオイルごと加え、❶、❷、❸も加えてざっくりあえる。

POINT

そばの実の炊き方

そばの実はゆでてもいいけれど、「炊く」ほうが風味が豊かで、そば特有のほろ苦さも味わえます。そばの実100gはさっと洗い、ざるに上げて水けをきります。鍋に水1カップとそばの実を入れ、強火にかけ、沸騰したらふたをして弱火にし、12分加熱。火を止めてそのまま10分ほど蒸らせば完成です。

フルーツ
サラダ

グレープフルーツと鶏肉のサラダ

味つけは塩、こしょうのみ。グレープフルーツの酸味と、鶏肉、チーズのコクで味がしっかり決まります

材料（2人分）

グレープフルーツ（ピンク・ホワイト）…各1個
鶏もも肉…1枚（300g）
ベビーリーフ…100g
カッテージチーズ…50g
オリーブ油…少々
塩…小さじ1/3
こしょう…少々

作り方

❶ 鶏肉は皮目をフォークで数か所さす。フライパンにオリーブ油を薄くのばして強めの中火で熱し、鶏肉を皮目から焼く。皮がパリッとしてこんがりと色づいたら裏返して焼き、中まで火が通ったら取り出し、食べやすく切る。

❷ グレープフルーツは薄皮から実を取り出す。ベビーリーフは水にさらしてシャキッとさせ、水けをきる。

❸ ボウルに❶、❷を入れて塩、こしょうを加えてざっくりあえる。器に盛り、カッテージチーズを散らす。

POINT

鶏肉は、重めの鍋のふたなどでギューッと押しつけながら焼き、皮目をパリッとさせる。

バナナと豚肉のサラダ

バナナとクミンが意外にも抜群の相性！
冷めると脂がかたまるので、
豚肉がアツアツのうちに召し上がれ

材料（2人分）

バナナ…1本
豚肩ロース厚切り肉…200g
レタス…4〜5枚（200g）
ローストアーモンド…40g
クミンシード…小さじ1
A　プレーンヨーグルト…大さじ3
　　にんにくのすりおろし…小さじ1/2
　　塩…小さじ1/3
　　こしょう…少々
塩、こしょう…各少々
オリーブ油…小さじ1

作り方

❶ バナナは1cm幅に切る。レタスは食べやすい大きさにちぎり、水にさらしてシャキッとさせ、水けをきる。アーモンドは粗く砕く。
❷ フライパンを弱火で熱し、クミンシードをから炒りし、香りが出てきたら取り出し、Aと混ぜる。
❸ 豚肉はひと口大に切り、塩、こしょうをふる。❷のフライパンを強めの中火で熱し、オリーブ油を薄く引き、豚肉をカリッと焼く。
❹ ボウルに❶、❷、❸を入れてざっくりあえる。

カルパッチョ風サラダ キウイドレッシング

甘酸っぱいキウイフルーツが食欲をそそります。
サーモンの代わりにたいやひらめなど白身魚の刺し身でも

材料（2人分）

キウイフルーツ…1個
サーモン（刺し身）…150g
サラダほうれん草…20g
水菜…20g
A
- オリーブ油…大さじ1
- イタリアンパセリのみじん切り…小さじ1
- にんにくのすりおろし…小さじ1/2
- 薄口しょうゆ…小さじ1/2
- 塩…小さじ1/4
- こしょう…少々

松の実…10g

作り方

❶ キウイフルーツは皮をむいて5mm角に切り、Aと混ぜる。
❷ サーモンはそぎ切りにし、器に並べる。
❸ サラダほうれん草、水菜はざく切りにして水にさらし、シャキッとさせて水けをきる。
❹ ❷に❸をのせて松の実を散らし、❶をかける。

著者 **牛尾理恵** うしお・りえ

料理研究家。フードコーディネーター。栄養士。食材のおいしさと栄養を生かしたメニュー提案と、家庭で即実践できるわかりやすいレシピが好評。著書は『ほぼ10分でトロッとなる煮込みです。』（池田書店）など多数。特技は整理整頓。整理収納アドバイザー2級の資格を取得し、『もっと簡単に、ずーっとキレイ！ ラクして続く、家事テク』（朝日新聞出版）などの著書もある。趣味は筋トレ！

サラダについて

Q．よく作るサラダは？

パート3で紹介した雑穀、豆、フルーツを使ったサラダ。キャロットラペも好きで、作りおきしています。パクチーをたっぷり使ったサラダも好きです。

Q．サラダによく使う食材は？

サラダといえばまず葉野菜。サニーレタス、ベビーリーフ、サラダ菜など、食感や味の違うものをミックスしてグリーンサラダを作ると飽きずにたくさん食べられます。彩りや栄養のことを考えてミニトマトやパプリカも。味のアクセントには玉ねぎ。野菜以外ではオイルサーディン、焼いた鶏肉やサーモンなども。

Q．好きな味つけを教えてください。

ナンプラーを使ったアジアンな味つけや、クミンやパプリカ、ターメリックなどのスパイスを使うのが好きですが、シンプルに塩味で仕上げることも多いです。そのほうが素材を味わうことができるので。

Q．牛尾さんにとってサラダとは？

すべての要素を満たしてひと皿で完結するお料理、でしょうか。肉や魚を焼いたり炒めたり揚げたりしたものと野菜をあえるだけで立派なサラダになり、主菜にもなります。サラダはサイドメニューとして扱われることが多いけれど、私の中ではメインのおかずです。モリモリ食べて、健やかな体を作る料理です。

おそうざいサラダの本

著　者　牛尾理恵

発行者　池田士文
印刷所　図書印刷株式会社
製本所　図書印刷株式会社
発行所　株式会社池田書店
〒162-0851 東京都新宿区弁天町43番地
電話03-3267-6821（代）／振替00120-9-60072

STAFF
編集協力　佐々木香織
デザイン　中村妙（文京図案室）
撮影　原ヒデトシ
スタイリング　本郷由紀子
校正　聚珍社
DTP　システムタンク

落丁・乱丁はおとりかえいたします。

ISBN978-4-262-13043-9

19000004